AF343189

Larry

Gi. Z

33

Larry

PROGRAMME
DE LA CÉRÉMONIE

DE LA POSE DE LA PREMIERE PIERRE DU GRAND PONT
EN CONSTRUCTION SUR LE PO, A TURIN, QUI AURA LIEU
LE JEUDI 22 NOVEMBRE 1810.

1.

Un pont de service, traversant le fleuve sur toute sa largeur, établira pour Son Altesse Impériale et son cortége, une communication entre la rive gauche du côté de la ville, et la rive droite du côté du faubourg.

Ce pont sera mis, dès le matin, à la disposition de M.^r le Gouverneur du Palais Impérial, faisant fonctions de Grand-Maréchal.

2.

De chaque côté du pont de service seront disposées les machines destinées au battage des pieux: elles seront pavoisées et ornées de guirlandes. Les ouvriers seront placés autour, et y resteront pendant toute la cérémonie. Les barques d'artillerie seront en-dessus de ce pont, également pavoisées et montées par les pontonniers de l'artillerie.

3.

L'extrémité du pont de service, formant l'entrée des ateliers du côté de la ville, sera marquée par un arc de triomphe sous lequel M.^r le Général Préfet, accompagné du Conseil de Préfecture et du Secrétaire général, M.^r le Maire et ses Adjoints, et MM.^{rs} les Ingénieurs du Corps Impérial des ponts et chaussées, attendront Son Altesse Impériale le Prince Gouverneur général pour la recevoir.

4.

L'autre extrémité de ce pont sera terminée par une estrade, en forme d'émicicle, sur laquelle seront placés les fonctionnaires et autres personnes invitées à assister à la cérémonie.

La partie supérieure de l'estrade sera disposée en forme de loge pour y placer la musique.

5.

Le canon annoncera le moment où Son Altesse Impériale partira de son palais pour se rendre aux ateliers du grand pont.

6.

Au même instant la pierre qui doit être posée sera chargée sur le charriot destiné à la transporter. Ce charriot sera décoré et attelé de quatre bœufs ornés de guirlandes.

7.

Au moment où Son Altesse Impériale paraîtra au rondeau, le charriot se mettra en marche pour traverser le pont provisoire.

Il sera suivi de quatre poseurs, et de l'appareilleur tenant les instrumens de son art. Deux commis supérieurs, venant après eux, porteront dans une corbeille les instrumens destinés à la pose de la première pierre, savoir : l'auge, le tablier, la truelle, la règle, le niveau de maçon et le marteau qui doivent servir à Son Altesse Impériale.

8.

Son Altesse Impériale, à son arrivée sous l'arc de triomphe, sera saluée par une salve d'artillerie, et reçue par M.^r le Général Préfet, accompagné du Conseil de préfecture et du Secrétaire général, M.^r le Maire et ses Adjoints, et MM.^{rs} les Ingénieurs du Corps Impérial des ponts et chaussées, qui la conduiront au fauteuil qui lui aura été préparé.

9.

Pendant que Son Altesse Impériale traversera le pont de service, la pierre descendra le long de la rampe pratiquée sur la rive droite du fleuve, et s'avancera vers le lieu où elle doit être posée.

10.

Son Altesse Impériale s'étant placée sur son fauteuil, et entourée des officiers de sa maison, M.^r le Général Préfet prendra ses ordres pour la pose de la pierre, et il lui présentera la boîte en bois de cèdre destinée à contenir un mètre d'argent, deux plaques de métal portant des inscriptions, l'une en latin et l'autre en français, et une collection de médailles et monnaies frappées sous le règne de Sa Majesté l'Empereur, à renfermer sous la première pierre, et décrite à la suite du présent programme.

11.

Mr Capel, Vérificateur des poids et mesures, vérifiera l'unité de la mesure de longueur (le mètre en argent) sur l'étalon en fer donné par le Gouvernement à l'Académie Impériale des sciences de Turin. Cette vérification aura lieu en présence de deux Membres de l'Académie.

12.

Pendant cette vérification, MM.^{rs} Vernazza et Déperret, Membres de l'Académie Impériale, donneront lecture des inscriptions composées par eux et gravées sur des plaques de métal. Les plaques seront pliées en forme de rouleau. Cette lecture achevée, le mètre sera également replié, et ces objets seront placés dans un tube de verre séché d'après les procédés de l'art, et scellé à la lampe d'émailleur.

13.

Aussitôt on placera dans la boîte en bois de cèdre les différentes médailles réunies et rangées sur des tablettes par ordre de date, ainsi que le tube de verre contenant les inscriptions et le mètre. Cette boîte sera renfermée dans une autre de plomb contenant du charbon pilé, et cette enveloppe sera soudée.

14.

Son Altesse Impériale sera priée de placer la boîte dans l'ouverture pratiquée au centre de la pierre inférieure, et qui contiendra une autre couche de charbon pilé dont la boîte sera entourée. L'ouverture de la pierre sera immédiatement fermée avec une tablette de marbre portant deux anneaux, et qui sera scellée.

15.

Ces opérations terminées, M.^r le Général Préfet prendra les ordres de Son Altesse Impériale, et aussitôt l'entrepreneur, qui devra opérer le placement de la pierre, se placera vers son centre; le conducteur des ponts et chaussées sera à sa gauche. Viendront ensuite l'élève Ingénieur attaché aux travaux et l'Ingénieur en chef chargé de leur direction.

16.

Alors, M.^r le Général Préfet adressera à Son Altesse Impériale un discours analogue à la circonstance, après lequel il sera procédé à la pose de la pierre, comme il suit :

Une auge contenant du mortier sera approchée ;

Un tablier sera placé devant Son Altesse Impériale ;

L'Ingénieur en chef prendra une truellée de ce mortier, et la présentera à Son Altesse Impériale pour la jeter sur le lit de la pierre inférieure. L'entrepreneur continuera et la première pierre sera posée.

Son Altesse Impériale, après avoir vérifié le gissement de la pierre avec une règle et le niveau à perpendiculaire que, sous ses yeux, l'Ingénieur en chef mettra en place, assurera cette pierre en la frappant avec un marteau.

17.

L'opération de la pose étant achevée, M.^r le Sénateur Archevêque de Turin terminera la cérémonie par la bénédiction de la première pierre.

18.

A son départ des ateliers, Son Altesse Impériale sera saluée par une salve d'artillerie, et se rendra à son palais en passant par la rampe établie sur la rive droite du fleuve, et en traversant le pont provisoire et la place du rondeau.

LISTE ET NOMENCLATURE

*Des Médailles et Monnoies renfermées sous la première pierre
du Pont du Pô.*

---

1 Capitulation de Mantoue, 30 janvier 1797.
2 Les sciences et les arts reconnaissans. Paix signée l'an 6.
3 L'Égypte conquise en 1798.
4 Conquête de la basse Égypte, l'an 7.
5 Conquête de la haute Égypte, l'an 7.
6 Arrivée à Fréjus le 17 vendémiaire an 8.
7 Translation du corps de Turenne au temple de Mars, an 8, 1.re année du
    Consulat.
8 Bataille de Marengo en prairial an 8; I.er Consul commandant l'armée de
    réserve.
9 *Idem* bataille de Marengo, 25 prairial an 8.
10 Le Général Dessaix est blessé à mort; allez dire au I.er Consul que j'emporte
    le regret de n'avoir pas fait assez pour vivre dans la postérité.
11 Attentat à la vie de Bonaparte, le 5 nivôse an 9.
12 Paix de Lunéville, le 20 pluviôse an 9.
13 Paix intérieure, paix extérieure, arrêté du 30 floréal an 10, 20 mai 1802.
14 Paix d'Amiens, 6 germinal an 10.
15 Rétablissement du culte, le 18 germinal an 10.
16 Subalpinis imperio Gallorum sociatis.
17 L'Hanovre occupé par l'armée française en juin 1803.
18 L'an 4 de Bonaparte l'instruction publique est organisée.
19 Aux arts la victoire, l'an 4 du consulat de Bonaparte.
20 Musée Napoléon.
21 La fortune conservatrice, l'an 4 de Bonaparte.
22 En l'an 12 le code civil est décrété.
23 A Boulogne, le 28 thermidor an 12, honneur légionnaire aux braves de l'armée.
24 Gallia renovata, auspice Napoleone.
25 École des mines du Mont-blanc.
26 Vitikind R. S., Frédéric Auguste R. S., Charlemagne Emp., Napoléon Emp.
27 Le Sénat et le Peuple, l'an 13.
28 Drapeaux donnés à l'armée par Napoléon I.er au champ de Mars, le 14 fri-
    maire an 13.
29 Imperator sacratus, 11 frimaire an 13.
30 Napoléon aux mânes de Dessaix.

ANNO · MDCCCVII · DIE · XXVII · DECEMBRIS · IMPERATOR · REX · NAPOLEO · MAGNVS · PONTEM
IN · PADO · AD · AVGVSTAM · TAVRINORVM · LAPIDEVM · ESSE · DECREVIT
ARCHITECTOS · MISIT · IOSEPHVM · PERTINCHAMP · DEINDE · CAROLVM · MALLET
VTRVMQVE · EX · ORDINE · EQVESTRI · ILLE · DIAGRAMMATA · PROPOSVIT · HVIC · OPERVM
PERFECTIO · ET · CVRA · OMNIS · ET · INSTANTIA · MANDATA · EST · HIC · ANNO · MDCCCX
PONTEM · SECVNDO · FLVMINE · SVBLICIS · CREBERRIMIS · VALIDVM · TEMPORARIO
COMMEATVI · FIDVM · INTRA · BIMENSEM · FECIT
EODEM · ANNO · DIE · XXII · NOVEMBRIS · CAMILLVS · BVRGHESIVS · AVGVSTVS
DVX · VASTALLAE · IN · PROVINCIIS · TRANSALPINIS · PRAEFECTVS · IMPERATORIS
PER · DIRECTAM · AB · VRBE · VIAM · IN · TABVLATA · SEPTIONIBVS · IMPOSITA · DESCENDIT
MOX · PROPIOR · ADVERSAM · RIPAM · CONSTITIT · IN · SEPTIONE · PRIMA · ORGANIS · VARIORVM
GENERVM · EXINANITA · ET · SICCATA
NOMISMATA · AVREA · ARGENTEA · AEREA · QVAECVMQVE · NAPOLEONIS · MAGNI · RES
PRAECLARAS · AB · COEPTO · IMPERIO · IN · HVNC · DIEM · PLATA · SIGNATA · REFERVNT
ITEM · REGVLAM · PLICATILEM · EX · ARGENTO · AD · METRVM · EXACTAM
DENIQVE · VOLVMEN · ARGENTEVM · NOTIS · ACTORVM · INCISVM · CRYSTALLO
CVM · REGVLA · IPSA · ELYSVM · IN · FVNDAMENTA · IECIT
TVM · VITTAS · CONTIGIT · QVIBVS · ET · LIGATVS · AVSPICALIS · LAPIS · ET · INNEXI · FVNES
SIMVL · AB · OPERARIIS · LAETO · STVDIO · CONNIXIS · LAPIS · IN · LOCVM · FINITVM
TRACTVS · EST
INDE · SVREXIT · DIVERSIS · AB · ANTIQVO · VESTIGIIS · PONS

INTERIORVM · IMPERII · RERVM · ADMINISTRO · COMITE · DE · MONTALIVET · V · EXC.

PRAEFECTO · COMITE · MOLÉ · CONSILIARIO · IN · NEGOTIIS · PVBLICIS
PONTIVM · ET · AGGERVM
PROPRAEFECTO · TERRA · ITALIA · EQ · FABRONIO · MAGISTRO · LIBELLOR

PRAEFECTO · PADI · EQ · ALEXANDRO · LAMETH · DVCTORE · ORDINVM

MAGISTRO · VRBIS · EQ · IOANNE · NEGRO

PONTIS
ARCVS · QVINQVE
LONGITVDO · M · CLII · SVMB
PLANTIS · SVPRA · AQVAS · PILAE · M · X · ET · MILLIM · CCLI

NAPOLÉON I.ᴱᴿ

Eᴍᴘᴇʀᴇᴜʀ ᴅᴇs Fʀᴀɴçᴀɪs, Rᴏɪ ᴅ'Iᴛᴀʟɪᴇ, Pʀᴏᴛᴇᴄᴛᴇᴜʀ ᴅᴇ ʟᴀ Cᴏɴꜰéᴅéʀᴀᴛɪᴏɴ ᴅᴜ Rʜɪɴ, Méᴅɪᴀᴛᴇᴜʀ ᴅᴇ ʟᴀ Cᴏɴꜰéᴅéʀᴀᴛɪᴏɴ Sᴜɪssᴇ, etc., etc., etc., toujours grand dans la paix et dans la guerre, par son décret du 27 décembre de l'an 1807, a accordé à sa bonne ville de Turin un pont en pierre sur le Pô ;

Sᴏɴ Aʟᴛᴇssᴇ Iᴍᴘéʀɪᴀʟᴇ le Prince CAMILLE BORGHÈSE, Duc de Guastalla, etc., etc., étant Gouverneur général des Départemens au-delà des Alpes ;

Son Exc. le Comte de MONTALIVET, Ministre de l'intérieur ;

M.ʳ le Comte MOLÉ, Directeur général des ponts et chaussées ;

M.ʳ le Chevalier FABBRONI, Maître des requêtes, chargé spécialement du service des ponts et chaussées dans les Départemens au-delà des Alpes ;

M.ʳ le Général ALEXANDRE DE LAMETH, Baron de l'Empire, Membre de la légion d'honneur, Préfet du Département du Pô ;

M.ʳ le Baron de l'Empire, Membre de la légion d'honneur, JEAN NEGRO, Maire de la ville de Turin.

Le plan de ce monument de munificence impériale a été fait par M.ʳ l'Ingénieur Jos. Pertinchamp, Membre de la légion d'honneur, et l'exécution en a été confiée à M.ʳ l'Ingénieur Ch. MALLET, Chevalier de l'ordre royal des Deux-Siciles.

Le 22 novembre de l'an 1810, Son Aʟᴛᴇssᴇ Iᴍᴘéʀɪᴀʟᴇ le Prince CAMILLE BORGHÈSE, Gouverneur général, entouré de sa cour, en a posé solennellement la première pierre.

A cette cérémonie d'inauguration, faite avec la plus grande pompe, au milieu d'un concours immense de spectateurs, étaient présens Monsieur le Général Préfet, Baron de l'Empire ALEXANDRE DE LAMETH, Membre de la légion d'honneur ; Monsieur le Baron JEAN NEGRO, Membre de la légion d'honneur, Maire de la ville de Turin, et les Autorités civiles et militaires.

Dans les fondemens de ce pont sont placés, avec des médailles d'or, d'argent et d'airain, rappelant les hauts faits de NAPOLÉON LE GRAND, un mètre d'argent et deux feuilles de métal sur lesquelles est inscrit l'historique de ce monument.

Lᴏɴɢᴜᴇᴜʀ ᴅᴇ ʟ'ᴀʀᴄ ᴅᴜ ᴘᴏɴᴛ — 152 ᴍèᴛʀᴇs ᴇᴛ 5 ᴅéᴄɪᴍèᴛʀᴇs.

Hᴀᴜᴛᴇᴜʀ ᴅᴜ ᴘᴀᴠé, ᴀᴜ-ᴅᴇssᴜs ᴅᴇs ᴘʟᴜs ʙᴀssᴇs ᴇᴀᴜx — 10 ᴍèᴛʀᴇs ᴇᴛ 205 ᴍɪʟʟɪᴍèᴛʀᴇs.

DISCOURS

ADRESSÉ À SON ALTESSE IMPÉRIALE

LE PRINCE CAMILLE,

GOUVERNEUR GÉNÉRAL DES DÉPARTEMENS AU-DELÀ DES ALPES,

DUC DE GUASTALLA,

PAR

LE GÉNÉRAL ALEX. LAMETH,

PRÉFET DU DÉPARTEMENT DU PO, BARON DE L'EMPIRE,

A L'OCCASION DE LA CÉRÉMONIE DE LA POSE DE LA PREMIÈRE PIERRE DU PONT DU PÔ.

Monseigneur,

LE Règne de l'Empereur NAPOLÉON ne sera pas moins recommandable à l'admiration de la postérité par les prodiges des arts que par les exploits guerriers. La Nature a été vaincue comme les Nations, et le Mont-Cenis et le Simplon constateront la puissance du Génie de l'Empereur, comme les champs de Marengo et d'Austerlitz.

Ce n'était pas encore assez pour la munificence de SA MAJESTÉ d'avoir ouvert les alpes de toute part, en y réalisant des travaux jugés au-dessus du pouvoir des hommes : Elle a voulu que les routes et les fleuves d'Italie fussent décorés par des monumens dignes de son antique splendeur.

La Ville de Turin qui s'honore de la prédilection de l'Empereur, ne pourrait en recevoir une preuve plus éclatante, que cette libérale détermination consignée dans le Décret du 27 décembre 1807, qui ordonne l'érection d'un grand Pont, dont la magnificence surpassera encore celle des édifices de cette Cité remarquable.

Ces travaux placés sous les auspices de Votre Altesse Impériale, qui daigne en poser les premiers fondemens, vont recevoir une impulsion nouvelle de l'intérêt qu'Elle y porte, et du zèle qu'Elle sait inspirer. Peu d'années verront terminer un ouvrage que les siècles pourront à peine détruire.

Cependant, Monseigneur, la durée de ce monument aura un terme: le Bronze qu'il renferme, destiné à transmettre aux générations futures les grands événemens du Règne de NAPOLÉON, sera lui-même usé par le tems . . . . La Gloire de l'Empereur est impérissable.

Son Altesse
a daigné répondre :

Monsieur le Préfet, j'éprouve un véritable plaisir à donner ici, avec vous, la première impulsion aux travaux d'un monument durable de la bienveillance de l'Empereur pour le Département que vous administrez avec tant de zèle et de succès. S'il est flatteur pour moi d'être aujourd'hui le principal ministre d'un bienfait aussi signalé, il est bien glorieux pour nous que, par l'effet de cette cérémonie, notre nom doive se rattacher un jour au souvenir qu'en conserveront encore les générations les plus reculées.

TURIN,
chez Dominique Pane et Comp.ᵉ Imprimeurs de la Préfecture,
Rue de la Doire, Section du Montcenis, N. 22.

www.ingramcontent.com/pod-product-compliance
Lightning Source LLC
LaVergne TN
LVHW021820060726
842528LV00004B/1452